Danke für alles

Mit Bildern und Kalligrafie
von Ulli Wunsch

Heute
danke ich dir
für all das,
was mich
wachsen und
reifen lässt.

Danke für
dein Vertrauen
und deine Offenheit.
Dein Leben ist
ein Segen.

Heute danke ich
dem Himmel
für all die
Menschen, die
mir Wurzeln und
Flügel schenken.

Danke

Die Gabe der Dankbarkeit schenkt meinem Leben ein Bewusstsein der Weite und inneren Freiheit. Eine Weite, die mich erahnen lässt, wie viel ich anderen Menschen, dem Verweilen in der Schöpfung und dem Urgrund der Liebe verdanke. Eine innere Freiheit, die mich erinnert, dass all unser Tun immer bruchstückhaft sein darf, weil das Wesentliche zum Glück nie machbar ist. Jeden Tag versuche ich, neu zu danken für das Geschenk meines Lebens. In dieser Grundhaltung kann ich mein Dasein mit seinen vielen schönen und schwierigen Facetten in einer tieferen Verbundenheit erleben. Diese Verwurzelung lässt mich in einem großen Segen gut aufgehoben sein.

Mit der Gabe der Dankbarkeit meine ich nicht jene unmündige Abhängigkeit, in der ich kleingehalten werde, weil ich allen ewig dankbar sein muss. Ich ermutige zu einer beflügelnden Dankbarkeit, in der ich immer wieder neu über die vielen alltäglichen Wunder staunen kann, die nie selbstverständlich sind. So bleibe ich nicht fixiert auf das, was (noch) nicht möglich ist, sondern auf das, was sich jetzt schon entfalten kann – um auch in schweren Zeiten der Verlorenheit danken zu können für das Leben. Einander in Dankbarkeit zu begegnen lässt alle ihre einmalige Würde erfahren. Es ist nie zu spät, einen Dank auszusprechen. Mit dem kleinen, unscheinbaren Wort *merci* können wir andere Menschen zum Aufblühen bringen. Was gibt es Schöneres im Leben!

Heute danke ich dir
für dein Lachen
und dein Mitgefühl,
das ich in unseren
Begegnungen immer
wieder erfahre.

Dankbar bin ich
für all jene Momente
in denen wir
Leichtes und Schweres
miteinander teilen
konnten.

Auch heute
verneige ich mich tief
vor dem Geschenk
des Lebens
und entdecke ein
großes Danke
in meinem Herzen.